LAPINHA DE JESUS

Dados Internacionais de Catalogação na Publicação (CIP)
(Câmara Brasileira do Livro, SP, Brasil)

Prado, Adélia
　　Lapinha de Jesus / Adélia Prado, Lázaro Barreto. – Petrópolis, RJ : Vozes, 2023.
　　ISBN 978-65-5713-937-0

　　1. Cristianismo 2. Jesus Cristo 3. Poesia religiosa I. Barreto, Lázaro. II. Título.

23-157327　　　　　　　　　　　　　　　　　　　　　　　　　　　　CDD-B869.1

Índices para catálogo sistemático:
1. Poesia religiosa : Literatura brasileira B869.1
Henrique Ribeiro Soares – Bibliotecário – CRB-8/9314

Adélia Prado e Lázaro Barreto
LAPINHA DE JESUS
PRESÉPIO DE **Henk Kamps**

EDITORA VOZES

Petrópolis

© 1969, 2023, Editora Vozes Ltda.
Rua Frei Luís, 100
25689-900 – Petrópolis, RJ
www.vozes.com.br
Brasil

Todos os direitos reservados. Nenhuma parte desta obra poderá ser reproduzida ou transmitida
por qualquer forma e/ou quaisquer meios (eletrônico ou mecânico, incluindo fotocópia e gravação) ou arquivada em
qualquer sistema ou banco de dados sem permissão escrita da editora.

CONSELHO EDITORIAL

Diretor
Volney J. Berkenbrock

Editores
Aline dos Santos Carneiro
Edrian Josué Pasini
Marilac Loraine Oleniki
Welder Lancieri Marchini

Conselheiros
Elói Dionísio Piva
Francisco Morás
Gilberto Gonçalves Garcia
Ludovico Garmus
Teobaldo Heidemann

Secretário executivo
Leonardo A.R.T. dos Santos

Diagramação: Sheilandre Desenv. Gráfico
Revisão gráfica: Alessandra Karl
Capa: Érico Lebedenco
Fotos de: Gui Tarcísio Mazzoni

ISBN 978-65-5713-937-0

NOTA D.R.
É intenção da Editora Vozes LTDA. cumprir a Lei dos Direitos Autorais. Deixamos reservados os Direitos Autorais
a quem de forma comprovadamente jurídica comparecer como legítimo sucessor.

Este livro foi composto e impresso pela Editora Vozes Ltda.

*Em memória de Henk Kamps
(Frei Tiago, OFM).*

Apresentação

A reedição de *Lapinha de Jesus* acontece em data propícia, pois neste ano de 2023 se celebra o oitavo centenário da primeira encenação do nascimento de Cristo feita por São Francisco de Assis na pequena cidade de Greccio. Naquele Natal de 1223, São Francisco disse a um amigo seu, João Velita: "Quero celebrar a memória daquele menino que nasceu em Belém e ver de algum modo com os olhos corporais os apuros e as necessidades da infância dele, como foi reclinado no presépio e como, estando presentes o boi e o burro, foi colocado sobre o feno".

O hagiógrafo Frei Tomás de Celano sugere que toda a natureza, irmanada com as pessoas, participou da alegria da celebração: "Prepara-se o presépio, traz-se o feno, são conduzidos o boi e o burro. Ali se honra a simplicidade, se exalta a pobreza, se elogia a humildade, e de Greccio se fez como que uma nova Belém. Ilumina-se a noite como dia e torna-se deliciosa para os homens e animais. As pessoas chegam ao novo mistério e alegram-se com novas alegrias. Os irmãos cantam, rendendo os devidos louvores ao Senhor, e toda a noite dança de júbilo".

São Francisco afirmava que o Natal é a festa das festas, pois Deus, tornando-se criança pequenina, dependeu de peitos humanos. O Natal comovia Francisco, despertando nele os sentimentos mais ternos. Para ele era o transbordar da ternura de Deus sobre a humanidade.

Não consta que, antes de São Francisco, houvesse encenações do nascimento de Cristo e a tradição de presépios. Foi ele quem inaugurou essa tradição que se perpetuou não somente nas manifestações de devoção das comunidades cristãs, mas também inspirou artistas renomados do Renascimento: Giotto, Ghirlandaio, Filippo Lippi, Caravaggio, Raffaello, Leonardo da Vinci e outros. Não se podendo nesta pequena lista esquecer Andrea della Robbia que imortalizou o presépio em sua terracota vitrificada, uma obra que provoca profunda admiração em quem a contempla.

Na realidade, a celebração de Greccio não significa apenas um evento piedoso, mas traduz um momento de poesia. Em Francisco, espiritualidade se funde com poesia, com música, com dança, com artes cênicas e com toda manifestação do belo. Ousaríamos afirmar que Francisco de Assis tem parentesco com todos os artistas. A contemplação do belo, de fato, irmana os artistas de todas as épocas, de todos os cantos do mundo, de todas as culturas.

Lapinha de Jesus surgiu do encontro de artistas, cada um em sua área, mas todos com o mesmo sentir.

Frei Tiago Kamps, franciscano de origem holandesa, quando estudante de Teologia em Divinópolis, confeccionou um presépio em cerâmica, retratando a realidade do povo mineiro. Não faltaram os elementos natalinos da tradição mineira do presépio: a folia de reis (um homem com a viola, outro com o tamborim, outro com o cavaquinho, outro ainda com a bandeira dos santos Reis, todos cantando). O povo é representado também por mulheres com trouxas na cabeça, uma delas com uma criança enganchada nas cadeiras, um homem de muletas, outro de cócoras, um curioso a olhar pela fresta da cabana, outro trazendo uma galinha, certamente para preparar a sopa para a puérpera, um menino conduzindo um ceguinho, um jovenzinho com a mão em concha a gritar, anunciando o acontecimento, um menino peladinho e outras figuras representativas do povo pobre que acorre à notícia do nascimento de Jesus. Maria e José com os traços daquela gente sofrida. O menino Jesus, bem enroladinho, à maneira daquela época, com as mãozinhas de fora. Sem esquecer a presença do burrinho, do boi, do galo e do cachorro. Todo o conjunto tinha realmente um cheirinho de Minas.

Em 1969, a poeta Adélia Prado e o escritor Lázaro Barreto, dois expoentes da maior envergadura da cultura de Divinópolis, resolveram criar um texto, *Lapinha de Jesus*, utilizando as fotografias do presépio confeccionado por Frei Tiago. O fotógrafo, Gui Tarcísio Mazzoni, colhendo ora uma figura isolada ora um conjunto, cooperou magistralmente para a composição de *Lapinha de Jesus*.

O texto – uma série de poemas – capta não apenas o mistério do nascimento de Jesus, mas a alma mineira que, de forma diversificada, se espelha nas figuras do presépio. Diríamos que o texto se torna a alma daquelas figuras. Dá voz a elas. E coloca o leitor bem dentro do mistério da lapinha.

O nome de Adélia Prado dispensa apresentação. Como compete a mim fazer uma apresentação formal dela, tentarei ser sucinto, até para não obnubilar com multiplicidade de palavras a sua límpida figura. Poeta de fecunda produção, já escreveu dezenas de livros – a maioria de poemas – dentre os quais *Bagagem* (1976), *Terra de Santa Cruz* (1981), *A faca no peito* (1988), *Quero minha mãe* (2005), *Quando eu era pequena* (2006), *Miserere* (2013). Destaque para *O coração disparado* (1978) que lhe mereceu o Prêmio Jabuti. Menção ainda deve ser feita à condecoração, em 2014, com a Ordem do Mérito Cultural, concedida pelo Governo Federal do Brasil. Considerada pela crítica uma das maiores poetas da atualidade, quiçá a maior, ela é conhecida em todo o território nacional e em círculos culturais internacionais. Mas, para conhecer

Adélia, é necessário ler os seus poemas. Ela está toda neles. Leia, por exemplo, *Lapinha de Jesus* e aí você encontra Adélia Prado tal como ela é bem dentro de sua alma.

Lázaro Barreto, igualmente escritor de vários livros publicados, dentre os quais mencionamos *Mel e veneno* (1984), *Aço frio de um punhal* (1986), *A cabeça de ouro do profeta* (1990), *Cantagalo: a bacia das almas* (2013). Um dos fundadores e colunista dos jornais *Agora* e *Diadorim*, de Divinópolis, com seus artigos ele convocava os leitores a lançarem um olhar crítico sobre o seu dia a dia. Sempre esteve à frente de eventos culturais de Divinópolis.

Lapinha de Jesus é livro para se ler meditando, rezando, contemplando. De joelhos. Muitas vezes. E a cada vez que se lê, se descobrem novas belezas.

Celso Márcio Teixeira, OFM
Por ocasião da celebração dos 800 anos do presépio de Greccio.

À guisa de prefácio

Me devolve, Senhor, agora, para que me faça à dimensão do mistério, o coração sem peso e os olhos sem névoa da infância.

Como as crianças eu me sinta de novo os só dois olhos e aquela intuição amorfa densa e quente como a massa do sangue no meu corpo. De novo, a força mágica de configurar e ser participante, a prévia certeza: "Nenhuma interrogação será insustentável".

Eu necessito o coração e ouvidos vigilantes e a perdida boca de beber histórias; da crença dos meninos para quem esta história será surpreendentemente natural.

A Vaca na Planície

Está em seu ruminar,
em seus chifres,
em suas malhas,
subitamente colhida para a composição:
a Senhora, os Pastores,
e ela sem outro possível
que o arquejar do ventre para o frio do Menino.
Até aos cornos tocada de presença.
Transcendental
o tamanho dos olhos
pela primeira vez pousados na mais bela
das coisas:
o Homem e sua beleza.
Ah, o discurso de Deus, velado e sem ruídos:
A vaca na planície.

Estava aqui uma tapera,
uma perseguição de malefícios no chão
que se esburacava ou subia no ar
e depois revirava a vegetação
e trazia as nuvens para dentro da palhoça
e os tiros
e canhões para o céu aberto da batalha campal.

Mesmo as árvores brigavam entre si, abrindo
fogo nos fantoches da noite em pleno dia.
Por trás da ex-linda armação das orquídeas
os olhos da morte se camuflavam,
estúpidos alvos
disparando chumbos inflamados.

Eu me surpreendia com medo de um besouro:
podia ser um veneno metálico.

E não raro,
quando um pássaro pousava ou uma fruta caía,
a nesga do chão espoucava, qual seco vulcão.
Encolhido no medo, escondido no oco do pau-terra,
me perguntava: por que essa guerrilha toda?
Os homens que vêm do norte e os que vêm do sul:
por que vêm do norte e do sul? E por que brigam assim como ex-rinocerontes?
De repente.

De repente a luz macia, sumindo a dor de cabeça.
Numa força nova,
todo meu corpo se punge.
Anjos passam, endireitando as árvores, a relva, o chão.

Eu apartava o gado e parei. Não aparto mais o gado.

"Venha o teu reino,
tua vontade seja feita na terra como no céu."[1]

O Menino:

Que sorte dos meus olhos, que lua nova, que chocolates jogando, que açude de leite fervido, que colo de mamãezinha na hora de dormir. Eu digo. E faço de conta que canto.

A Galinha da esquerda:

Ovos imaculados, tenros, onze, doze ovos de dezembro e da páscoa. Ciscai, ciscai, filhozinhos: vai chover uma dúzia, uma grosa de grãozinhos.

A Galinha da direita:

Upa, upa, cavalinho alazão: que será que vê, que verá este menino? O pintinho de fora, seu corpinho retrançado de calor. Vamos, meninozinho: onde você brincou de esconder o meu pintinho?

Deus, quando perdoa, providencia. Primeiro na Queda, quando o castigo foi uma alternativa: o trabalho. Agora, com a humanidade morrendo em pecado (A Bomba é a reincidência da Maçã), vem seu Filho Unigênito, para que todo aquele que Nele crê não pereça, mas tenha a vida eterna. E não foi preciso que os homens se limpassem do pecado para Ele vir. Ele acaba de chegar. Ei-lo brotando em todos os ramos da manhã.

O menino parece gritar: "O Reino de Deus está dentro de ti!"

(Oração a Nossa Senhora de Nazaré)

Nossa Senhora, minha mãe, põe a mão na minha cabeça pra eu
ficar pacificada.
E me subjugue assim com o tão doce peso da Tua compreensão.
Eu tenho medo, e a minha alma não está em sossego.

Não me aquieto e inquieto a todos que precisam apenas da
tranquila e silenciosa presença que eu não sei ter.
– Dá-me o sentimento do lar.
Põe-me nas mãos o amor do fuso pra eu saber fiar
e na boca o amor das cantigas pra eu saber ninar.

Eu quero repetir o lar de Nazaré, cozendo, amando, sem estes
vãos anseios, sem esta profunda vaidade que esvazia o coração,
que me deixa tão débil,

– Nossa Senhora, minha mãe, Mulher Forte, que trouxe o
Cristo no ventre, que O carregou depois com todo um peso de
cruz e de pecados, que O trouxe morto ao colo,
ó minha mãe dolorosa, põe a mão na minha cabeça pra eu ficar
pacificada.

Põe no meu coração um pouco da tua graça, para que o seu
peso não me deixe tombar, pra que eu mantenha acesa a
lâmpada do Esposo.

O Menino:

O pé de milho soltou boneca, mamãe; a água do rego se alimpou; o barulho da cidade, que fazia, serenou. E na grota está chovendo estrelinhas.

O Homem:

"Glória a Deus no mais alto dos céus, e paz na terra aos homens, objeto da boa vontade de Deus"[2].

A Mulher:

A Ele – O Caminho, a Verdade, a Vida – nosso primogênito será consagrado. Vamos, vamos levar "um par de rolas ou dois pombinhos"[3].

O Cachorro:

Que Amigo mais amigo. Que mundo grande e Deus maior.

A Cabra:

Agora terei lã, nos montes, arroio nos fundões, e uma luz só para todas as sombras da vista.

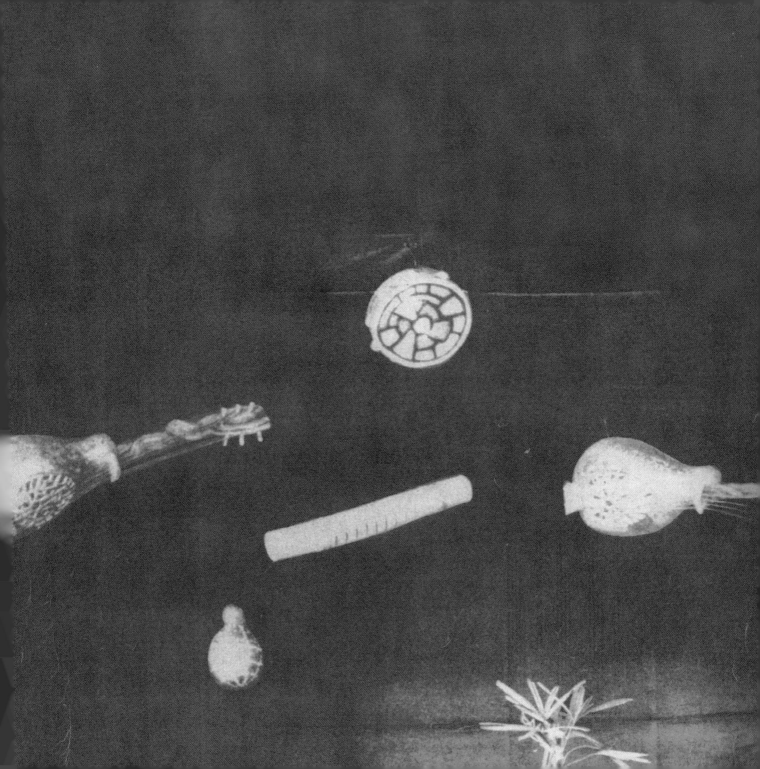

Doces violas,
violões, alegres
pandeiros e recos e maracás –

como se bocas tivessem e coisa viva fossem –
entoaram hoje aleluias e glórias –

música do céu foi que saiu dos seus bojos
encantados,

anjos tocaram neles certamente.

Viola velha
sentiu meu braço e entendeu
a canção
sozinha, quase.

Roseira deu rosa
Craveiro deu flor,
O orvalho do céu
deu Nosso Senhor.

Meu Deus do céu, o que está acontecendo? Eu me lembro, me lembro, me lembro. Tenho certeza que morri ontem, sentadinho aqui, as costas nesta pilha de lenha. Uma paz veio ao mundo? Um perdão, um poema deste mundo, que não estava nele? Olha a luz naqueles montes...

Ah!

Deve ter nascido o filho deles, que vieram de longe e se arrancharam na lapinha de Jesus. Será verdade que este menino tem destino diferente e veio para a arrumação das coisas?

Oh!
A vida me voltou: graças, graças, graças.

A Mulher da esquerda:

De mãos postas eu juro. Quando a estrela desceu, os aviões de caça viraram vaga-lumes, os soldados se petrificaram com suas granadas sem efeito. E flores, flores brotaram em minhas mãos.

A Criança:

Mãe, Ele se parece comigo?

O Homem sentado:

Está escrito em São Mateus: *"Não penseis que vim trazer paz à terra; não vim trazer a paz, mas sim a espada"*[4].

A Mulher da direita:

E disse também: *"Vinde a mim todos os que estais fatigados e carregados, e eu vos aliviarei. Tomai sobre vós o meu jugo, e aprendei de mim, que sou manso e humilde de coração, e achareis descanso para as vossas almas. Porque o meu jugo é suave e o meu peso leve"*.

Pés e mãos nervurados como raízes. Crescidos na humilde busca de suas necessidades resumidas. Cabeça, pés e mãos na mesma direção da única coisa pressentida, indispensável, definitiva, alegria, alegria, alegria.

Não há erro possível. Ele sabe.
A criancinha sabe.
O cachorro também.
O rico manancial brotou do céu, e escorre,
farto como um leito de rio nas águas,
bonito como à tarde as ondas do rio.

"A promessa de Cristo é sempre nova de infinita promessa"[5].

Meio de meia-noite, cala os ouvidos,
minha filha.
Os bois-burros-e-galos estão dando recados dos anjos.
Uma vaca berra? É a bênção, a bênção. Hoje até os bichos
se saúdam.

A Filha:

Eu vejo, pai, um peixe na flor da água. Ele brinca comigo,
risonho como eu. Olha como circula, mergulha e aflora.
Posso brincar com ele?

No silêncio, a Voz:
*"É o meu filho bem-amado, depositário de minhas
complacências"*[6].

Não estou levando presentes; estou trazendo. Hoje todos os homens ganharam. Ele veio consolar os aflitos, libertar os cativos, recobrar a vista dos cegos, emancipar os oprimidos e refazer as instituições e leis por meio da mudança do homem.

As pastorinhas estão visitando os presépios
e as lapinhas; e além delas
os mocorongos, as folias de reis,
a zabumba e o turundum,
o carimbó e o marambiré,
os pastoris e as cheganças,
os fandangos e os quilombos,
os caboclinhos,
os bainanás e as taieras,
o catopé dos negros,
os reis-de-boi e o maracatu,
o guaiano e o lundu,
os ternos-de-reis e as cantadeiras,
os cacumbis e os santos-reis,
a bernúncia e a jardineira
e o bumba meu boi[7]
é festa no mundo inteiro do Brasil,
pois que, se posso levar,
eu vou levar a Deus
o meu AMOR AO PRÓXIMO.

Nesta manhã de noites femininas
lavo o rosto no sol molhado de neblinas
e minhas pernas de cavalo vou tocando
topo gente topo bicho vou tocando
a viola corresponde a outros cantos
só audíveis na vivência dos espantos
meus irmãos uma estrela que passa
(Ave Maria cheia de graça)
no costado do rio que palpita
(entre as mulheres sois bendita)
minha lira roceirinha vai tocando
irmãos uma estrela vai passando
sinto a fome da árvore no cerrado
pergunto ao padre ao fazendeiro ao delegado
de quem é este mundo vasto sertanejo
onde estão os lindos olhos que não vejo
qual o nome do dia que vem chegando
como Deus é bom eu vou cantando
passo a passo o vento me acompanha
a hora é tarde na cabeça da montanha
os peixes no céu do rio saltitando
uma voz ao longe me chamando
este sigilo de flor na trepadeira
a sempre amada de longe na porteira
agora sobre o verde os sabiás
fazem subir uma canção de lilás
para aqueles que não veem o que vejo
a dádiva deste mundo vasto sertanejo
e os olhos da alegria eu vou olhando
paro: até aqui eu vim tocando.

jesus

jesus

jesus

jesus

jesus

jesus

jesus

jesus

jesus

jesus

"Não me procurareis senão quando já me houverdes achado. Conhecer a Deus é procurá-lo."

jesus

jesus

jesus

jesus

jesus

jesus

jesus

jesus

jesus

jesus

jesus

jesus

jesus

jesus

jesus

jesus

Tenho sido um bicho do mato e
tanto a ave como o bastão
podiam ter sido
um braço meu, minha mão.

Agora.

Agora sou mais ligeiro na educação dos
pensamentos. Reconheço, em apaixonada
emoção que a vocação de Abraão,
a passagem pelo Mar Vermelho,
a criação do reino de Davi,
a deportação para a Babilônia,
a revolta dos Macabeus
e muitos outros acontecimentos[8]
acenavam a vinda de Cristo.
No princípio existia o Verbo
e o Verbo era Deus.

Agora.

O Verbo se fez carne
e habitou entre nós.

a pedra cresce e respira fundo
aflorando raízes prematuras.

do alto a primavera
expõe no chão as obras-primas.

frêmito nas águas sacode peixes,
repercute no galo, vibra no ar.

no frio desce ou sobe um calor
temperado de folhas verdes.

e sobre o poema de Deus
cai o homem, sangrando.

Vi hoje um movimento do corpo,
que era da alma.
Vi Deus no berço dos cordeiros
com os olhos de quem ama.

Com os olhos de quem ama vejo
os homens próximos dos homens,
milhões de estrelas do céu e do mar
são milhões de sinos, vibrando.

Quem vela o sono das palavras
que sonham, para publicá-las
nascidas de novo, este o
vermelho não existe sem ele.

Quem ama os detalhes do inverno
como a infiltração por entre os vegetais,
desse raio de sol sustenido,
quem recolhe os bemóis da cachoeira,
as decantações de pérolas e de peixes,
este tem as mãos adequadas
para anunciar:
"Silêncio que aí vem Deus!"

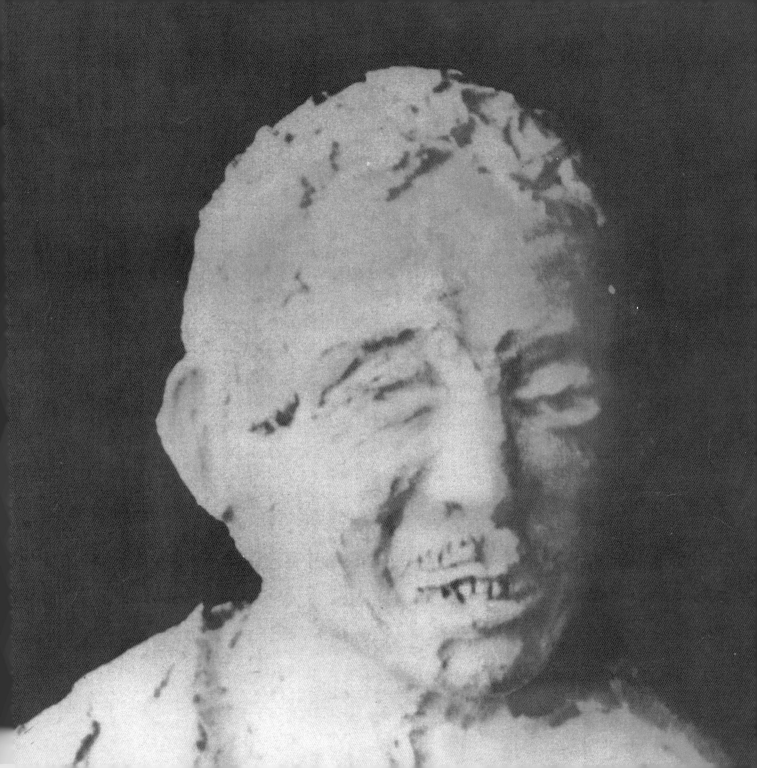

Ó luz tão clara
penetra os meus olhos!
Tua verdade, Senhor,
até o coração me feriu[9].

Meu poema sem forma
é um desenho-livre de criança.
Meu canto sem acordes
é grito de menino a pedir pão.

Porque sois trigo
Porque sois terna
Porque sois bela, Senhora.

Porque sois mãe e celeiro
e sois as quatro estações do ano
e calor e chuva
para o meu frio e a minha sede,
Mãe de filhos, tão maternal,

Mãe de Deus,
minha mãe.

Toda a natureza, do cosmos ao átomo, está em expectativa. Uma nova palavra – AMOR – está sendo lançada ao mundo. Em verdade vos digo. Drumond disse que o sangue dos bodes e dos touros seca nas páginas do Antigo Testamento.

O princípio da sabedoria, que era o temor do Senhor, AGORA é o amor do Senhor, entre os homens. Que estribilho complacente baixa das alturas, recoloca os campos na poesia,

humaniza o comércio e a indústria; e que clarão nos telhados residenciais. Como Deus tem sido bom conosco. Jesus vem levantar o homem, depois da Queda. Ele próprio se faz vítima do último holocausto,

e por nosso amor nasce, vive e morre como nós. Um dia toda a humanidade será cristã.

Vede como puras são as tonalidades que revestem as coisas concretas. E profundas palavras buscam a realidade interior, para fundi-la à flor da pele. Vede o verde, a campina da infância. AGORA é a palavra que está em toda parte.

Ela "brota do Evangelho como do nosso próprio coração"[10].

Entrai, entrai, pastorinhas,
por este portal sagrado,
vinde ver a Deus menino,
numas palhinhas deitado.

As palhinhas deitam lírios,
menino, sois meu alívio,
as palhinhas deitam cravos,
menino, sois meus cuidados.

Ó meu menino Jesus,
ó minha mimosa flor,
fizestes-vos tão pequenino,
sendo tão grande Senhor[11].

Cada coisa em seu lugar, acomodada e sabida,

atingida pela revelação
que Deus reservou aos simples e humildes,

os reinos animal, vegetal e mineral
situados nas suas estruturas
donos de seus reflexos.

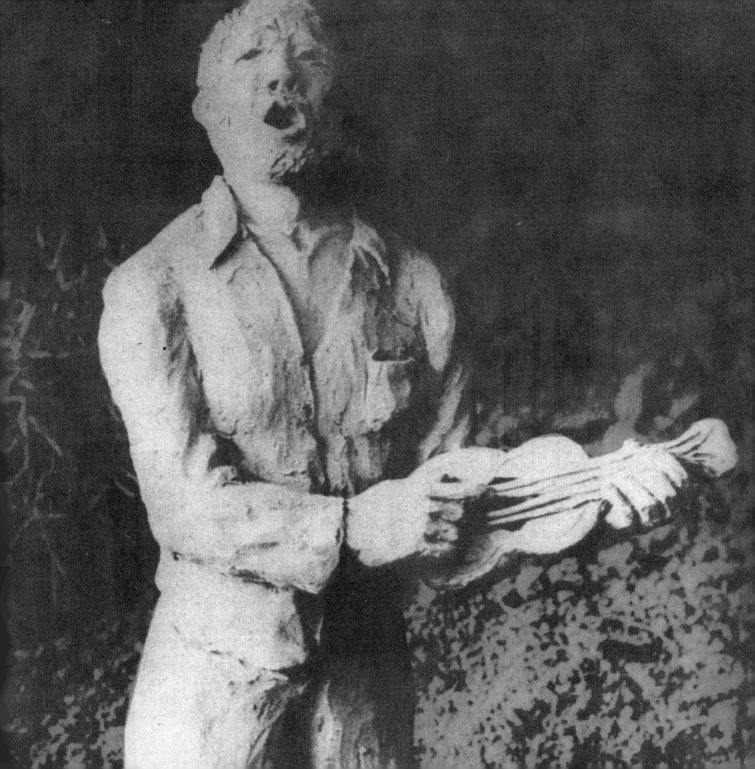

Os hosanas das alturas
tombaram no mundo jardim.
Hoje não quero dormir,
uma canção caiu em mim.

As cabras por baixo da noite
tramam branquinhas uma luz:
eu lavo minha boca e digo
e canto a canção de Jesus.

Entre nós se permitiu
dourar o azulejo da vida:
nana nana, meu, doce bem,
nenhuma ovelha perdida.

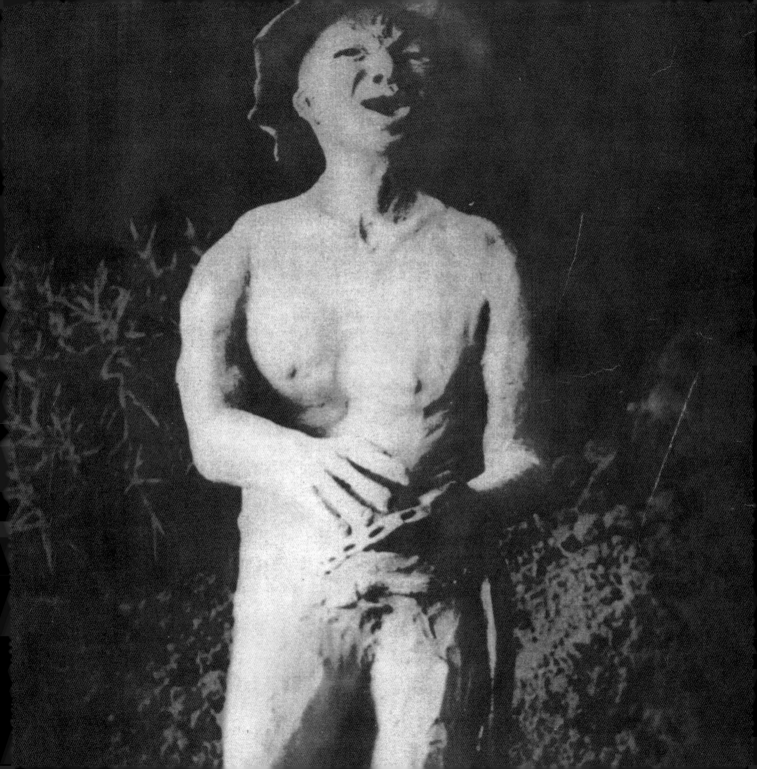

Eu vim,
eu vim de longe pra te ver
lua lua lualá
o belo menino eu vi nascer.

Corre-corre riozinho
gota-gota enche o mar,
vai dizer que a flor do alto
abre os braços para amar.

Passa-passa passarinho
nota-a-nota a pauta encher,
os albores estremecem
nunca viram Deus nascer.

Eu vim,
eu vim de mim tão outro eu
lua lua lualá
outro mundo em mim nasceu.

Se eu tivesse uma estrela
rosa-azul-purpurina
correndo atrás do luar
eu dava pr'essa menina
a noite escura lumiar.

Se eu tivesse uma pérola
rosa-azul de grã-fina,
boiando na crosta do mar,
eu dava pr'essa menina
o dia inteiro enfeitar.

Se eu tivesse uma canção
igual seus olhos de virgínia
que vieram do luar
eu dava pr'essa menina
a toda hora cantar.

O Palhacim:

"Nada se perde com a paz.
Tudo pode ser perdido com a guerra"[12].

1º Cantor:

Chuva chovendo
nascendo mogango
quiabo picado
no molho de frango.

2º Cantor:

Mexi com o pinto
galinha danou
frango de topete
angola matou.

3º Cantor:

Ovo da galinha
galinha do ovo
povo da terra
ôi terra do povo.

coro invisível:

Chuva choveu
goteira pingou
pergunta o papudo
se o papo molhou
se o papo molhou
se o papo molhou.

A tarde caindo ia a menina copiar as imagens
que as nuvens faziam no céu então ardente
sobre as serranias ocidentais.

De seus desenhos resultou a trilogia indelével:
Raquel com o cântaro na fonte –
Rute com as espigas na roça –
e
Maria com a luz do mundo no seio.

"lobo habitará com o cordeiro; o leopardo deitar-se-á
ao pé do cabrito; o novilho e o leão viverão juntos
e um menino pequeno os conduzirá.
A vaca e a ursa irão comer as mesmas pastagens,
e as suas crias descansarão umas com as outras;
o leão comerá palha como o boi;
a criança de peito brincará sobre a toca da áspide,

e na caverna do basilisco meterá a sua mão,
a que acaba de ser desleitada.
Não haverá dano nem destruição, em todo
o seu santo monte,
porque a terra estará cheia da ciência do Senhor,
como o fundo do mar das águas que o cobrem"[13].

Fonte das citações:

[1] Mt 6,10.
[2] Lc 2,14.
[3] Lc 14,21-23.
[4] Mt 10,34.
[5] GIDE, A. In: MANN, K. A vida de André Gide. Rio de Janeiro: O Cruzeiro, 1944, p. 133.
[6] Lc 3,22.
[7] Nomenclatura conforme MAYNARD ARAÚJO, A. Folclore nacional. São Paulo: Melhoramentos, 1967.
[8] ROPS, D. Que é a Bíblia. São Paulo: Flamboyant, 1958.
[9] GIDE, A. Op. cit., p. 319.
[10] MENDES, M. In: Discípulos de Emaús. 2. ed. rev. Rio de Janeiro: Agir, p. 102.
[11] MAYNARD ARAÚJO, A. Op. cit., p. 166.
[12] PIO XII, apud João XXIII. Encíclica Pacem in Terris. São Paulo: FTD [s.d.], p.-11.
[13] Is 11,6-9 (as citações da Sagrada Escritura seguem a tradução do Padre Matos Soares, publicada em Portugal, no ano de 1956).

Conecte-se conosco:

 facebook.com/editoravozes

 @editoravozes

 @editora_vozes

 youtube.com/editoravozes

 +55 24 2233-9033

www.vozes.com.br

Conheça nossas lojas:
www.livrariavozes.com.br

Belo Horizonte – Brasília – Campinas – Cuiabá – Curitiba
Fortaleza – Juiz de Fora – Petrópolis – Recife – São Paulo

EDITORA VOZES LTDA.
Rua Frei Luís, 100 – Centro – Cep 25689-900 – Petrópolis, RJ
Tel.: (24) 2233-9000 – E-mail: vendas@vozes.com.br

Adélia Prado, nascida em Divinópolis (MG), é uma poetisa, escritora, filósofa, professora e da Ordem Franciscana Secular. Prado já foi agraciada com Prêmio Jabuti de Literatura com o livro *O coração disparado*. Considerada uma das maiores poetisas do Brasil, tem diversas obras traduzidas para outros idiomas e participa de antologias de poesia e prosa brasileiras.

Lázaro Barreto, nascido em Marilândia (MG), é escritor, jornalista, sociólogo e mora em Divinópolis. Participou da fundação e dirigiu jornais literários como o *Agora* e *Diadorim*. Em sua carreira literária, trocou diversas correspondências com Carlos Drummond de Andrade. Com mais de dez livros lançados no Brasil, também teve seus textos publicados em antologias no exterior.

Henricus Bernardus Maria Kamps, também conhecido como Henk Kamps ou Tiago Kamps, nasceu na Holanda. Formado em Filosofia e Teologia, também é conhecido por suas atividades como artista plástico. Foi aluno de João Quaglia e frequentou o ateliê de Eugenio Sigaud.

Cada povo tem seu modo especial de viver o imenso acontecimento do Deus que veio morar no meio dos homens. A fé é a mesma em qualquer parte. Mas sua expressão cultural varia de acordo com a sensibilidade e a tradição vivida por cada agrupamento humano.

Lapinha de Jesus é a história do Natal acontecendo num arraial do interior brasileiro. Neste sentido, este maravilhoso álbum de Natal é uma expressão religiosa e artística da alma do nosso povo vivenciando uma de suas maiores celebrações anuais. Trata-se de um lindo presépio composto em belas figuras criadas em terracota vermelha, e transformado num conjunto surpreendente de fotografias cheias de profunda significação. O texto é denso, mas exprime, em prosa e verso, a ternura e a simplicidade do nascimento do Deus-Menino, tal como é festejado pela alma religiosa e cabocla de nossa gente.

EDITORA VOZES

www.vozes.com.br
vendas@vozes.com.br

ISBN 978-65-571-3937-0